<그리스도인이면 꼭 알아야 할 성경 지식>

에스라

에스라의 성전 재건과 영적 부흥

서울솔로몬학교 성경연수원

차 례

제 1 과 코레스의 칙령과 돌아온 백성들(1,2장) / 5

제 2 과 성전 기초 공사와 대적들의 저항(3,4장) / 13

제 3 과 학개와 스가랴의 예언과 다리오의 칙령(5,6장) / 25

제 4 과 아탁세르세스가 성전 재건을 도움(7장) / 35

제 5 과 에스라의 위대한 참회 기도(8,9장) / 45

제 6 과 성별의 회복(10장) / 57

이 책에 인용된 성경 구절은 〈한글킹제임스성경〉입니다.

제1과
코레스의 칙령과 돌아온 백성들(1,2장)

『"페르시아의 코레스왕이 이같이 말하노라. 하늘의 **주** 하나님께서 세상의 모든 왕국들을 내게 주시고 내게 명하여 유다 예루살렘에 있는 전을 그를 위하여 건축하라 하셨도다』(스 1:2).

성경은 "역사책"이다!

성경은 단순한 "종교 서적"이 아니라 "역사책"이다. 세상에서 유일무이하게 오류가 없고 전혀 왜곡되지 않았으며 어떤 편견도 없는 "참된 역사책"은 "성경책"이 유일하다. "인류의 역사책"인 성경은 그 첫머리부터 『**태초에 하나님께서 하늘과 땅을 창조하셨느니라.**』(창 1:1)라고 선포하심으로 "시간과 공간" 안에서 벌어지는 "역사의 첫 시작"을 알리고 있다. 인간의 역사를 시작하신 분은 하나님이시고, 지난 6천 년 동안, 그리고 향후 1천 년 동안 전체 7천 년의 인류 역사를 주관하시고 이끄시는 분도 하나님이시며, 인류 역사를 완전히 끝장내시는 분도 하나님이시다. **따라서 인간이 할 수 있는 "가장 현명한 선택"은, 인류의 모든 역사를 주관하시는 "위대하신 하나님"과 그분께서 친히 기록하신 이 "역사책," 곧 "진리의 말씀인 성경" 앞에 겸손히 무릎 꿇고 그 역사의 주인이신 주님의 명령에 온전히 승복하는 것이다.**

■ 새롭게 깨달았거나 적용할 내용이 있다면 적어 보세요. ■

70년간의 바빌론 포로 기간

"남왕국 유다"는 "세 차례의 바빌론 침공"을 통해 멸망했다. "첫 번째 침공"은 B.C. 606년으로 "여호야김 왕" 때 있었는데(왕하 24:1,2), 바빌론 왕 "느부갓넷살"이 그를 차꼬에 묶어 바빌론으로 데려갔다. 성전 기명들도 바빌론으로 가져가 바빌론 신전에 두었고, 이때 백성들 중 일부가 포로로 사로잡혀 갔는데, 그 중에는 "다니엘"도 포함되어 있었다. "두 번째 침공"은 B.C. 598년으로 "여호야킨 왕" 때 있었으며(왕하 24:10), 느부갓넷살은 여호야긴을 포함한 대규모의 포로들을 바빌론으로 사로잡아갔다. "세 번째 침공"은 "시드키야 왕" 때 있었고(왕하 25:1), 이 공격으로 예루살렘은 2년을 버티다가 결국 B.C. 587년에 완전히 멸망하게 된다. 예루살렘이 완전히 함락되었고 성전도 파괴되었는데, 남왕국 유다가 완전히 패망하게 된 것이다. 당시 시드키야의 아들들은 그가 보는 앞에서 죽임을 당했고, 시드키야 역시 두 눈이 뽑힌 채 바빌론으로 사로잡혀갔다.

이로써 다윗부터 시작된 500여 년간의 "이스라엘 왕국의 역사"는 일시적으로 막을 내리고, 하나님께서 그들에게 영원히 주시기로 약속하신 땅은 바빌론이 차지했다. 하지만 그 기간은 "예레미야"의 예언대로 70년이었다. **『주가 이같이 말하노라. 바빌론에서 칠십 년이 차면 내가 너희를 찾아오리니 너희를 향한 나의 선한 말을 실행하여 너희를 이곳으로 돌아오게 하리라. 그리하면 이 온 땅이 황폐함과 경악거리가 되며 또 이 나라들은 바빌론 왕을 칠십 년간 섬기리라』**(렘 29:10,11). 70년 뒤에는 남왕국 유다가 "바빌론 포로"에서 돌아오게 되는데, 바빌론 제1차 침공이 있었던 B.C. 606년으로부터 정확히 70년 뒤인 B.C. 536년에 "페르시아 왕 코레스"의 칙령으로 돌아오게 되는 것이다. "코레스"에 관한 내용은 선지자 "이사야"가 예언했다. **『코레스에 관하여 말하기를 "그는 나의 목자요, 나의 모든 기쁨을 이행하리라." 하며, 예루살렘에게도 말하기를 "너**

는 재건되리라." 하고 성전에게는 "네 기초가 놓여지리라." 하는 이라. 주가 그의 기름부음 받은 자, 코레스에게 이같이 말하노라. 내가 그의 오른손을 잡았으니 민족들로 그 앞에 항복케 하며, 내가 왕들의 허리를 풀겠으며, 두 짝 성문들을 그 앞에 열어서 닫지 못하게 하리라』(사 44:28; 45:1). 성경은 "역사책"이고, 성경의 예언은 "미리 기록된 역사"라는 사실을 잊지 말아야 한다.

"코레스 왕"의 칙령(스 1장)

『페르시아의 코레스왕 제일년에 예레미야의 입을 통한 **주**의 말씀이 이루어지게 하시려고, **주**께서 페르시아의 코레스왕의 영을 감동시키시니, 그가 그의 왕국 전역에 포고하고 글로도 써서 말하기를 "페르시아의 코레스왕이 이같이 말하노라. 하늘의 **주** 하나님께서 세상의 모든 왕국들을 내게 주시고 내게 명하여 유다 예루살렘에 있는 전을 그를 위하여 건축하라 하셨도다. 그의 모든 백성 중에 너희 가운데 있는 자가 누구냐? 그의 하나님이 그와 함께하시기를 바라노니 그는 유다에 있는 예루살렘으로 올라가 예루살렘에 계신 이스라엘의 **주** 하나님의 전을 건축할지니라. (그는 하나님이시니라.) 그가 기거하는 어느 곳에라도 남아 있는 자는 누구든지 그의 고장의 사람들로 예루살렘에 있는 하나님의 전을 위하여 자원하는 제물 외에도 은과 금과 물건들과 짐승들로 그를 돕게 할지니라." 하였더라』(스 1:1-4).

선지자 "예레미야"와 "이사야"의 예언들에 따라 내려진 칙령 내용을 보면 "세 가지"로 구분된다. **첫째, 하늘의 주 하나님께서 세상의 모든 왕국들을 페르시아의 코레스 왕에게 주셨다는 내용이다(2절)**. 이것은 역사를 주관하시는 분이 "하늘의 주이신 창조주 하나님"이심을 보여 준다. 둘째, 하나님의 백성으로 불리는 사람은 누구든지 예루살렘으로 올라가서 하나님의 성전을 건축하라는 내용이다(2,3절). 성전 건축은 예언적으로도 매우 중요한 사건이다. 성전 건축을 위해서는 백성들이 그들의 땅으로 돌아가야 하는 것이다.

이스라엘이 자기들 본토로 귀환하기 시작한 것은 "이방인 왕"의 칙령으로부터 시작되었다. 이 "첫 번째 회복"을 위해 하나님께서는 "이방인 왕 페르시아의 코레스"를 세우신 것인데, 이 칙령에 따라 유다 백성들이 그들의 본토로 돌아올 수 있었다(5절). 한편 성경은 이스라엘의 "두 번째 회복"에 대해서도 말씀하시는데(사 11:11), 이 회복은 "재림 때" 이루어진다. 이것은 1948년에 이스라엘이 독립하면서 부분적으로 성취되었는데, 이 두 번째 회복을 위해 하나님께서 사용하신 "이방인 왕"은 "영국 왕 조지 5세"였다(1917년의 〈밸푸어 선언〉). "페르시아"는 "영국"의 모형이다.

셋째, 유대인들이 살고 있는 그곳 고장의 사람들은 유대인들이 하나님의 전을 지을 수 있도록 유대인을 물질적으로 지원하라는 내용이다(4절). 실제로 이 칙령에 따라 주변 이방인들이 물질들을 자원하여 바쳤고(6절), 코레스 왕 자신도 바빌론 왕 느부캇넷살 때 강탈해 왔던 성전 기명들을 유다의 통치자 "세스바살"에게 꺼내 주었다(7-11절). 에스라 6장에서 성전 공사가 중단되었다가 다시 진행되기 시작했던 "다리오 왕" 때도 성전의 공사비용을 페르시아 왕실에서 대도록 했고, 7장에서도 "아탁세르세스 왕"이 예루살렘 성전 재건을 적극 지원했다. 이 모든 것은 하나님께서 이루신 역사였다.

이처럼 이스라엘은 그들의 본토로 돌아올 때 항상 맨손으로 돌아오지 않는다. 출애굽 당시 이집트에서 나올 때도 이집트인들의 재물들을 가지고 나온 적이 있었는데, 당시 그들은 재물들을 빌렸다고 했지만, 사실 빼앗은 것이나 다름없었다(출 12:35,36,38). 이처럼 바빌론에서 돌아오는 첫 번째 회복 때도 유대인들은 많은 재물들을 가지고 올라왔다. 두 번째 회복인 재림 때도 유대인들은 이방인들의 재물들을 가지고 돌아올 것이고(사 60:9), **『이방인들의 재물을 먹을 것』**(사 61:6)이다.

"귀환한 백성들"의 명단(스 2장)

『사로잡힘에서 풀려나 올라간 지방의 자손은 이러하니라. 그들은 사로잡혀갔던 자들이며 바빌론 왕 느부캇넷살이 바빌론으로 끌고 갔었던 자들로서, 그들은 예루살렘과 유다로 다시 돌아와 각자 자기 성읍으로 갔으니, 스룹바벨과 함께 온 이들은 예수아, 느헤미야, 스라야, 르엘라야, 모르드캐, 빌산, 미스팔, 비그왜, 르훔, 바아나라. 이스라엘 백성 중 남자의 수는... 아도니캄 자손이 육백육십육 명이요[13절]... 온 회중이 모두 사만 이천삼백육십 명이요, 그 밖에 그들의 남종과 여종이 칠천삼백삼십칠 명이요, 그들 가운데 노래하는 남자와 노래하는 여자가 이백 명이더라』(스 2:1,2,13,64,65).

이 명단은 "장차 재림 때 회복될 이스라엘의 남은 자들의 명단"을 하나님께서 갖고 계신다는 사실을 "예언적으로" 보여 준다. 주님께서는 재림 때 회복될 이스라엘 민족을 구성할 사람들을 일일이 다 알고 계신다. 이스라엘이 회복될 때는 "열두 지파"가 모두 회복될 것인데(겔 37:16,21,22), "그들이 현재 어디에 있고, 각 사람들이 어느 지파에 속하는지" 하나님께서 다 아시는 것이다. 다시 회복될 "레위인들"과 "제사장들"의 명단도 기억하신다(36-42,61-63절).

그런데 에스라 2장의 명단에서 "불길한 이름" 하나를 보게 되는데, 곧 "아도니캄"이다(13절). 그 이름의 뜻은 "반역의 주"이고, 귀환한 그의 자손들의 수는 공교롭게도 "666"명이다(13절). 이것은 재림 직전 이스라엘이 "두 번째로 회복될 즈음," 오늘날 이스라엘로 이미 귀환했거나 앞으로 귀환할 자들 가운데 "적그리스도"가 "한 사람의 유대인"으로 포함되어 있다는 사실을 예언적으로 보여 준다. 바로 그가 대환란 기간에 세상 전면에 등장하게 될 것이다.

■ 새롭게 깨달았거나 적용할 내용이 있다면 적어 보세요. ■

NOTES

제2과

성전 기초 공사와 대적들의 저항(3,4장)

『그들이 함께 노래하며 **주**께 찬양하고 감사를 드리니 이는 그가 선하시며 그의 자비는 이스라엘을 향해 영원히 지속되기 때문이라. 또 그들이 **주**를 찬양할 때에 모든 백성이 큰 소리로 외쳤으니 이는 **주**의 전의 기초가 놓여졌음이라』(스 3:11).

세 차례에 걸친 귀환

"바벨론 침공"과 "유다가 포로로 사로잡혀 간 일"이 세 번에 걸쳐 이루어졌듯이, "유다의 귀환" 역시 "세 차례"에 걸쳐 이루어졌다. 제1차 귀환은 B.C. 536년 "고레스 왕"의 칙령으로 이루어졌다(스 1:1-4). 이때 총독인 "스룹바벨"과 제사장 "예수아"(여호수아)의 인도로 약 5만 명 정도가 귀환했고, 귀환한 백성들은 B.C. 517년에 성전 재건을 완공했다. 제2차 귀환은 B.C. 458년 "아닥세르세스 1세"(제7년)의 칙령으로 이루어졌다(스 7:11-26). 이때 "에스라"의 인도 하에 "레위인들"을 중심으로 1,754명 정도가 귀환했고, 에스라는 백성들에게 하나님의 율법을 가르쳤다(스 7:10,25). 제3차 귀환은 B.C. 445년 "아닥세르세스 1세"(제20년)의 칙령으로 이루어졌다(느 2:1,7,8). 이때 "느헤미야"가 귀환했고, 백성들과 함께 예루살렘 성읍을 복원했다. "성전이 회복되는 것"은 유대인들이 "영적으로 하나님 앞에 돌아왔다는 것"을 의미하고, "예루살렘 성읍의 회복," 곧 "땅의 회복"은 이스라엘의 "정치적인 민족적 회복"을 보여 준다.

■ 새롭게 깨달았거나 적용할 내용이 있다면 적어 보세요. ■

성전의 기초가 놓이다(3장)

『일곱째 달이 되었을 때 이스라엘 자손이 성읍들에 있었는데, 백성이 한 사람같이 예루살렘에 함께 모이더라. 그때 요사닥의 아들 예수아와 그의 형제 제사장들과 스알티엘의 아들 스룹바벨과 그의 형제들이 일어나서 이스라엘의 하나님의 제단을 세워 하나님의 사람 모세의 율법에 기록된 대로 그 위에 번제를 드리려고 그들이 그의 기초들 위에 제단을 세웠으니 이는 그 나라들의 백성으로 인하여 두려움이 그들 위에 있었음이라. 그들이 그 위에 번제를 **주**께 드렸으니 아침과 저녁 번제를 드리더라』(스 3:1-3).

제1차 귀환 때 돌아온 유대인들은 "성전 재건"을 시작했는데 이때 중요한 역할을 했던 두 인물이 "스룹바벨"과 "예수아"(여호수아)였다. 스룹바벨은 유다의 "총독"이었고(학 1:14), 여호수아는 "대제사장"이었으며(슥 6:11,12), 이들이 성전의 기초를 놓고 공사를 주도했다(슥 4:9; 6:12). 그래서 이때 세워진 성전을 가리켜 "스룹바벨 성전"이라 부른다.

한편 이들은 "성전의 기초"를 놓기 전에 "하나님의 제단"을 먼저 세우고 "모세의 율법"에 기록된 대로 그 위에 번제를 드리기 시작했다. 심지어 "장막절"까지 지켰다(2-6절). 이는 『**그 나라들의 백성으로 인하여 두려움이 그들 위에**』(3절) 임했기 때문이다. 주변 이방 민족들로 인한 두려움이 그들을 엄습했기에, 그 두려움을 제거하기 위한 방편으로 "하나님의 제단"을 세우고 번제를 드린 것이다. 당시의 유대인들은 "코레스의 칙령"에 따라 그들의 땅으로 귀환했다 하더라도, 그 땅에서 "완전한 안전"을 보장받을 수 있는 상황이 아니었다. 이에 그들이 의지할 수 있는 분은 하나님 한 분밖에 없었으므로, 그들을 향해 선하심과 자비하심을 영원히 베푸시는 주님을 의지해야 했다(11절). **따라서 그들에게는 성전을 재건하여 하나님을 향한 신뢰와 찬양과 감사를 표현할 수 있는 "경배를 회복하는 일"이 가장 시급했다**. 하지만 성전을 재건하는 데는 상당한 시간이 소요된다. 그래서 우선적으로 하나님의 제단을 쌓아 번제를 드리기 시작했던 것이다.

이렇게 제단이 세워지고 번제가 드려졌을 때, 성전을 재건하기 위한 본격적인 준비 작업도 이루어졌는데, 성전 재건에 필요한 자재들, 특히 "백향목"을 "레바논"으로부터 "욥파" 해변까지 배를 통해 운반해 온 것이다(7절). 이로써 성전 건축을 위한 모든 준비가 끝났고, 귀환한 유대인들은 "성전의 기초"를 놓았다(8-13절). **바빌론 포로에서 돌아온 "첫 번째 회복" 때 "성전의 기초가 놓였다는 것"은, 재림 때 있을 이스라엘의 "두 번째 회복"과 관련하여, 오늘날 이스라엘이 그들의 본토로 귀환한 이후 앞으로 수년 이내에 성전이 재건될 것이라는 사실을 예언적으로 보여 준다**. 현재 이스라엘 땅에 아직은 성전이 세워져 있지 않지만, "성전 건축"은 예언적으로 또 역사적으로 반드시 이루어져야 하는 중요한 사건이다. 『**그는 대적하는 자며, 또 하나님이라고 불리는 모든 것과 숭배받는 대상 위에 자신을 높여 하나님의 성전에 앉아 하나님처럼 보여 자신을 하나님이라고 하느니라**』(살후 2:4). "적그리스도"가 "대환란 기간," 곧 환란 기간 중 "후 3년 반의 기간"에 하나님의 성전에 앉기 위해서는 반드시 성전이 다시 세워져야 하는 것이다(단 9:27, 마 24:15).

『또 내게 지팡이 같은 갈대를 주며, 그 천사가 서서 말하기를 "일어나서 하나님의 성전과 제단과 그 안에서 경배하는 자들을 측량하라. 그러나 성전 밖에 있는 뜰은 남겨 두고 측량하지 말라. 이는 그것을 이방인들에게 주었으며 그들이 마흔두 달 동안 그 거룩한 도성을 발 아래 짓밟을 것이기 때문이라』(계 11:1,2).

역사적으로 볼 때 이스라엘의 성전 재건을 위한 움직임은 꾸준히 있어 왔다. [피터 럭크만 목사의 저서 〈죽음의 재 같은 땅 이스라엘〉을 읽어 보라.]

이미 수 년 전부터 "성전 산 헤리티지 재단"의 "예후다 글릭"은 "성전 산에 성전을 짓는 것은 이스라엘 국가를 설립하는 것보다 더 쉬운 일"이라고 하면서, 금향단과 물대야 등 간단한 성전 기물들을 개발하기 시작했고, 성전이 건축되기 전에 모두 103개의 기물들을 만들어야 한다고 말했었다. 또한 하프, 솔터리 등의 악기, 제사장들의 옷, 42kg 무게에 24K 순금으로 제작된 3백만 달러 가치의 금촛대도 만들었으며, 성전 재건을 위한 건축 설계팀의 프로젝트가 한창 진행 중이고 모든 준비는 다 끝났다고 말했다. 다만 중요한 문제 한 가지가 있다면 성전을 건축해야 할 그 자리에 공교롭게도 "오마르의 모스크," 곧 "이슬람 사원"이 세워져 있다는 것이다. 바로 이 장소 문제로 성전 재건이 지연되고 있는 것이다.

주목할 사실은, 지금의 이스라엘은 회심하지 않은 상황에서 모여 있는 것이기에, 그들이 세울 성전은 대환란 기간에 적그리스도가 앉아 자신을 하나님처럼 보이면서 숭배받으려 하는 성전이 된다는 점이다. 적그리스도가 처음에는 이스라엘과 화친을 맺을 것이지만, "한 주의 중간," 곧 7년간의 환란 시대 중반에 그 언약을 파기하고 희생제와 예물을 금지시키고 성소를 더럽히며 가증함을 확산시킬 것이다(단 11:23,32). 그런 다음 성전을 짓밟고 반유대주의로 돌아서서 이스라엘을 잔인하게 박해할 것이다. 이와 연관하여 에스라 2:13의 명단에는 적그리스도의 예표가 되는 "아도니캄"이 등장한다. 그의 자손은 "666명"이었다.

그런 가운데 성전은 적그리스도에 의해 파괴될 것이다. 하지만 대환란 끝에 예수 그리스도께서 재림하셔서 적그리스도와 그의 군대를 멸하시고 천년왕국을 세우실 때 새롭게 성전을 세우실 것이다(겔 40-48장). 에스라 5장에는 선지자

"학개"가 등장하는데, 이것이 의미가 있는 것은 학개가 "천년왕국 성전"을 예언했기 때문이다. 『**이 나중 집의 영광이 먼저 집의 영광보다 더 크리라. 만군의 주가 말하노라. 이곳에 내가 화평을 주리라. 만군의 주가 말하노라**』(학 2:9). 선지자 학개는 유대인들이 바빌론 포로에서 돌아왔을 무렵, 대적들의 반대로 중단되었던 성전 공사를 촉구하고 예언했던 선지자였다. 역사적으로 볼 때, 『**나중 집**』은 "스룹바벨 성전"이고, 『**먼저 집**』은 바빌론의 침공으로 황폐하게 된 "솔로몬 성전"을 가리킨다. 사실 『**나중 집**』인 "스룹바벨 성전"은 『**먼저 집**』인 "솔로몬 성전만큼 영광스럽지 못했다. 그래서 당시 성전의 기초가 놓였을 때 솔로몬 성전의 영광을 기억했던 나이 많은 제사장들과 레위인들과 족장들 중 많은 사람이 큰 소리로 울었던 것이다(12,13절).

그렇다면 선지자 "학개"가 『**이 나중 집의 영광이 먼저 집의 영광보다 더 크리라.**』라고 말한 이유는 무엇인가? 이는 예언적으로 그 『**나중 집**』이 "스룹바벨 성전"이 아니라 재림 때 세워질 "천년왕국 성전"이기 때문이다. 선지자 학개는 재림 때 이 땅과 모든 민족들에게 임할 진노를 예언한 선지자인데, 그렇게 재림에 대해 예언하면서 천년왕국 성전도 예언한 것이다. 즉 예수 그리스도께서 재림하실 때 "솔로몬 성전"보다 더 영광스럽고 더 위대한 성전, 곧 "천년왕국 성전"을 세우시는 것이다.

■ 새롭게 깨달았거나 적용할 내용이 있다면 적어 보세요. ■

대적들의 반대와 저항(4장)

『유다와 베냐민의 대적들은 사로잡혀갔던 자들의 자손이 이스라엘의 **주** 하나님께 성전을 건축한다는 것을 듣고, 스룹바벨과 족장들에게 와서 말하기를 "우리로 너희와 함께 건축하게 하라. 이는 우리도 너희가 하는 것처럼 너희 하나님을 찾으며 또 우리도 우리를 이곳으로 데려온 앗수르의 에살핫돈왕의 때 이래로 그에게 희생제사를 드림이라." 하더라』(스 4:1,2).

성전의 기초가 놓이자, 사탄은 즉시 방해하고 나섰는데, 이스라엘의 "대적들"이 등장한 것이다(1,2절). 하나님의 사역에는 반드시 사탄의 방해가 있다는 사실을 기억해야 한다. 이들 "대적들"은 『**우리도 너희가 하는 것처럼 너희 하나님을 찾으며**』(2절)라고 말하면서 『**우리로 너희와 함께 건축하게 하라.**』(2절)라고 요청했다. 심지어 『**앗수르의 에살핫돈왕의 때 이래로 그에게 희생제사를 드림이라.**』(2절)라고까지 말했다(cf. 10절). 하지만 그들은 앗시리아의 "혼혈 정책"에 따라 "카나안 땅"으로 이주해 와서 살게 된 이방인들로, "희생제사"를 드리되, 율법에 따라 올바르게 드린 것도 아니고, 또 하나님을 두려워하여 희생제를 드리면서도 자기들이 본래 섬기던 고유의 신들까지 섬겼던 "우상 숭배자들"이었다(왕하 17:24-34).

이런 사실을 잘 알고 있던 "스룹바벨"과 "예수아"를 위시한 "이스라엘의 족장들"은 『**우리의 하나님께 전을 건축하는 데 너희가 우리와 더불어 할 일은 아무것도 없도다. 다만 우리는 페르시아 왕 코레스왕이 우리에게 명한 대로 우리끼리 함께 이스라엘의 주 하나님께 건축할 것이라.**』(3절)라고 단호하게 말하면서 그들의 요청을 거절했다. 그러자 대적들은 그다음 단계의 계략을 실행으로 옮

졌는데, 유대인들의 힘을 약하게 하고 건축하는 자들을 방해하고 반대할 "모사꾼들"을 고용하는 등 여러 가지 방해 공작을 펼쳤고(4,5절), 심지어 "아하수에로"의 치리 초기에 유다와 예루살렘을 고소하는 편지를 왕에게 보내기도 했다(6절). 이로써 성전 공사가 중단되었고, 이후 "아탁세르세스 왕"을 지나 『**다리오왕의 치리 제이년까지**』(24절) 성전 재건이 17여 년 동안 지연되고 말았다. 이것은 "성전 건축"에 있어서 사탄의 방해가 매우 심했음을 잘 보여 준다. 오늘날도 마찬가지로 수많은 아랍인들, 팔레스타인인들, 모슬렘교도들은 "이스라엘의 성전 재건 움직임"에 대해 촉각을 곤두세우고 있다. "에스라 시대"에도 그러했듯이, 오늘날에도 유대인을 대적하는 무리들은 이스라엘이 그들의 땅으로 돌아오는 것에 대해 지속적으로 반대하고 있고, 성전을 재건하는 일에 대해서도 강력하게 반대하고 있다. 그래서 지금까지도 이스라엘 땅은 분쟁 지역으로 남아 있고, 폭동과 유혈 사태가 끊이지 않고 일어난다.

한편 이스라엘의 대적들은 "아탁세르세스 왕" 때도 유대인들을 고소하는 편지를 왕에게 보냈는데(7-10절), 그 구체적인 내용이 아래에 나와 있다.

『그들이 그에게, 곧 아탁세르세스왕에게 보낸 편지의 사본이 이러하니라. "강 이편에 지금 살고 있는 왕의 종들이 왕께 고하나이다. 왕께로부터 우리에게 올라온 유대인들이 예루살렘에 와서 반역적이고 악한 성읍을 건축하여 그 성벽을 세웠으며 그 기초들을 연결하였나이다. 이제 왕께 고하옵나니 만일 이 성읍이 건축되고 성벽이 다시 서게 되면 그들이 도로세와 관세와 조세를 내지 아니할 것이요, 그리하면 왕께서 왕들의 세입에 손상을 주는 것이 되나이다. 이제 우리가 왕의 궁으로부터 소금을 먹고 있으므로 우리가 왕의 불명예를 보고 있을 수 없어서 우리가 보내어 왕께 고하오니 왕의 조상들의 역사 기록서를 살펴보소서. 그리하시어 왕께서 역사 기록서에서 찾으시면 이 성읍이 반역하는 성읍이며 왕들과 각 지

> 방에 해롭다는 것과 또 그들이 옛날에 이 성읍에서 반역을 일으켰던 것을 알게 되시리니, 그것이 이 성읍이 파괴된 까닭이었나이다. 우리가 왕께 보증하오니 만일 이 성읍이 다시 건축되고 그 성벽이 세워지면 이로 인하여 왕께서는 강 이편에 분깃을 갖지 못하게 되시는 것이니이다." 하였더라』(스 4:11-16).

이 편지에서 "**첫 번째 고소 내용**"은 "예루살렘이 반역적이고 악한 성읍"이라는 내용이었다(12,15절). 심지어 주위 왕국들에게 "해로운 존재"라고까지 말하면서 비난했고, "예루살렘 성읍이 파괴된 이유는 그들이 반역하는 성읍이었기 때문"이라는 거짓말까지 했다(15절). 물론 이것은 부분적으로는 옳은 말이다. 왜냐하면 예루살렘이 멸망할 당시 "시드키야"가 "바빌론 왕"에게 반역했기 때문이다(왕하 24:20). **하지만 예루살렘이 멸망한 근본적인 원인은 그들이 하나님께 거역하여 죄를 짓고 그분의 음성에 복종하지 않았기 때문이다(렘 40:1-3)**. "**두 번째 고소 내용**"은 도로세와 관세와 조세 등 유대인들이 "세금을 내지 않을 것"이라는 내용이었다(13절). 말하자면 "탈세 혐의"인 것인데, 초림 당시에도 위선적인 종교 지도자들은 "예수님께서 '카이사'에게 세금을 내지 말라고 말씀하셨다"는 거짓 혐의를 씌웠다(cf. 눅 20:24,25).

한편 "이스라엘의 대적들"은 『**왕의 불명예를 보고 있을 수 없어서 우리가 보내어 왕께 고하오니**』(14절)라고 말한다. 그러나 이것은 성전 공사를 방해하기 위한 명분과 구실에 불과했다. 그래서 이들은 왕의 마음을 얻기 위해 갖은 아부를 다 떨고 있는 것이며, 특히 "돈을 사랑하고 수입이 줄어드는 것을 두려워하는" 인간의 본성에 호소하며 왕을 설득하고 있는 것이다(13,16절). 이들의 전략은 그대로 적중했다. 결국 이 편지를 읽은 "아탁세르세스 왕"은 이들에게 답장을 보냈는데(17-22절), 그들이 고소한 내용들을 다 확인했고(18-20절), 또 "성전 재건으로 인해 불거진 모든 문제"를 종결짓는 내용의 편지를 보낸 것이다

(21,22절). 결국 성전 공사가 ”다리오 왕“ 때까지 중단되고 말았다. 그러나 하나님의 역사는 결코 중단될 수도 없고 중단되어서도 안 된다! 결국 하나님께서 세우신 사람들을 통해 에스라 5장에서 다시 성전 공사가 재개된다.

■ 새롭게 깨달았거나 적용할 내용이 있다면 적어 보세요. ■

NOTES

NOTES

제3과
학개와 스카랴의 예언과 다리오의 칙령(5,6장)

『그때 선지자들, 곧 선지자 학개와 잇도의 아들 스가랴가 유다와 예루살렘에 있는 유대인들, 곧 그들에게 이스라엘의 하나님의 이름으로 예언하였더라』(스 5:1).

학개와 스가랴 선지자의 예언(1,2절)

다리오왕의 치리 제2년까지 공사가 중단되자(4:24), 학개와 스가랴 선지자가 일어나 유다의 총독들과 제사장들을 격려한다. 그러자 성전 공사가 다시 시작되고 하나님의 선지자들 또한 그들을 돕는다. 성경은 선지자들의 격려를 "하나님의 이름으로 예언"했다고 말씀하시는데, 이를 통해 선지자들의 격려는 단순한 격려가 아니었다는 사실을 알 수 있게 된다. 즉 이들은 재림에 관해 예언한 것이다. 역사적으로 당대에 성전 건축이 이루어졌지만 이제 곧 있을 미래의 성전 건축에도 적용되는 것이다. 이는 "예언의 이중 적용"에 해당하는 것으로 예언의 내용이 학개와 스가랴에 그대로 기록되어 있다.

『그러므로 이제 만군의 주가 이같이 말하노라. 너희는 너희의 행위를 숙고해 보라... 만군의 주가 이같이 말하노라. 너희는 너희의 행위를 숙고해 보라』(학 1:5,7).

학개 1장에는 격려의 내용이 나오고 있다. 그런데 살펴보면 사실상 격려라기보다는 책망에 가깝다. 유대 백성들이 성전 공사를 머뭇거리며 차일피일 뒤로 미루었기 때문이다(학 1:2). 성전 건축은 미루면서도 정작 자신들은 지붕 덮은 집들에 거했다. 뿐만 아니라 작물을 거두고 먹고 마시며 잘 입고 돈도 저축하는 등 자신들의 일들을 구했다. 이에 대해 학개 선지자는 두 번이나 너희의 행위를 숙고해 보라고 책망하고 있다(학 1:5,7). 유대인들이 행한 일들이 잘못된 것이 아니라, 모두 주님의 일은 뒷전에 두고 자신들의 안위를 먼저 생각했기 때문이다. 그래서 하나님께서는 결국 저축한 돈은 주머니에 넣자마자 구멍으로 빠져 나가고 네가 애써 가꾼 작물도 잃게 되고 네가 입은 옷은 바람막이가 되지 못할 것이라고 말씀하신다(학 1:6). 오늘날 그리스도인들 중에서도 하나님의 일을 하겠다고 나서지만 정작 하나님의 사역을 두 번째로 놓고 자신의 일과 자신의 안위를 먼저 신경 쓰는 사람들이 있다. 안정된 위치, 수입, 자신들의 건강 등을 먼저 따지는 것이다. 하나님을 첫 번째가 아니라 두 번째에 두는 것이 문제다. 자기 희생 없이 주님의 사역을 하려고 나선 자나, 자기 손에 쟁기를 들고 뒤를 돌아보는 자는 하나님의 나라에 적합하지 않다는 사실을 알아야 한다(눅 9:62).

누가 당신에게 이 권세를 주었느뇨?(3-5절)

페르시아의 다리오왕이 통치하던 때에는 120개의 지방이 있었다(단 6:1). 아하수에로왕이 통치하던 때에는 그 수가 127개까지 늘어난다(에 1:1). 각 지방에는 그 지방을 다스리는 총독(고관)이 한 명씩 있었고, 이 모든 총독(고관)들 위에는 세 명의 총리들이 관할했다. 그 세 총리 중 첫째가 바로 다니엘이었다(단 6:1-3). 페르시아의 고레스왕 제1년에 공사가 시작되었다가(스 1:1, B.C. 536) 다리오왕(다리오 히스타스피스, B.C. 521-486) 제2년까지, 내락 17년 이상 중단된 성전 공사가 하나님께서 전을 건축하라는 명령으로 이제 다시 시작되려는 순간이다. 이때 강 이편의 총독이 와서 누가 성전을 건축하고 성벽을 세우라고 했는지 묻는다. 그러면서 이 건축물을 짓는 자들의 이름이 무엇인지도 묻는다. <u>여기서 공사 중단을 명한 페르시아 왕의 권위와(스 4:21) 공사 재건을 명한 하나님의 권위, 두 권위가 충돌한다</u>. 예수 그리스도께서 성전에서 가르치실 때도 선임 제사장들과 백성의 장로들이 주께로 와서 무슨 권세로 이 일을 행하는지, 누가 당신에게 이 권세를 주었느냐고 물으며 권위의 문제를 제기했었다(마 21:23). <u>과연 어느 권위에 복종할 것인가?</u>

역대기하 20:20은 이스라엘이 성공하려면 어떻게 해야 할지를 분명히 알려 주고 있다. 그것은 하나님의 선지자들의 말을 듣는 것이었다.

> 『백성들이 아침에 일찍 일어나서 트코아 광야로 나가니라. 그들이 나가고 있는데 여호사밧이 서서 말하기를 "오 유다와 너희 예루살렘 거민들아, 내게 들으라. 너희는 **주** 너희 하나님을 믿으라. 그리하면 너희가 견고하게 되리라. 그의 선지자들을 믿으라. 그리하면 너희가 성공하리라." 하더라』(대하 20:20).

알라의 선지자가 아니라 바로 하나님의 선지자들의 말, 곧 하나님의 말씀을 들어야 하는 것이다. 그리스도인들도 마찬가지다. 그리스도인들도 마땅히 그 말씀 곧 하나님의 권위를 따라야 한다. 성경에서는 이처럼 세상 권세와 하나님의 권위가 충돌할 때, 그 사이에서 올바른 판단을 내렸던 명쾌한 사례들을 제시해 주고 있다. 출애굽기 1:17에서는 히브리 산파 시프라와 푸아가 하나님을 두려워하여 사내아이를 죽이라는 이집트 왕의 명령대로 하지 않고 사내아이들을 살려 주었던 것을 볼 수 있다. 사도행전 5:27,28에서는 공회에서 대제사장이 예수님의 이름으로 가르치지 말라고 명한 대로 하지 않는 베드로와 사도들을 추궁하는 것을 본다. 이에 대해 29절에서 베드로와 사도들은 『**사람보다 하나님께 순종하는 것이 마땅하도다**』라고 말하며 그리스도인이라면 마땅히 "파라오"나 "바빌론 왕"이나 "카이사"가 아니라 하나님의 권위를 따라야 함을 보여 주고 있다.

성전 건축을 방해하려는 자들은 도대체 이 일을 하고 있는 자들의 이름이 무엇인지 알고자 하지만 유대인들은 이 문제에 관해 편지로 회답하며 공사를 중단하지 않는다(4,5절). 유대인의 대적들이 왕의 권위를 내세우며 성전 재건을 막아 보려 했지만, 그렇게 하지 못한 것이다.

적들이 다리오왕에게 편지를 보냄(6-17절)

성전 재건 공사가 중단되지 않자, 적들은 다리오왕에게 서신을 보낸다. 그 내용이 6절부터 17절까지에 걸쳐 나오는데 그 편지는 11-15절에서 유대인들이 말한 내용의 진상을 조사해 달라는 요청으로 끝을 맺고 있다. 그런데 9절을 보면 그들이 개별적인 검거를 원했다는 사실을 알 수 있다. 즉, "반란을 일으킨 주동자들"의 이름 하나하나를 보고해 그들이 체포되길 원했던 것이다. 마귀는 종종 이런 식으로 그리스도인들을 위협하고 낙담시켜 사역을 중도 포기하도록 만들곤 한다.

럭크만 목사도 이 부분에서 자신의 일화를 예로 들고 있다. 술집이 밀접한 거리에서 거리설교 하는 자신에게 한 주류업 연대에서 변호사를 통해 치안을 어지럽힌다는 이유로 수감될 수 있다는 단속 규정을 법원에서 발행해 송부한 적이 있었다고 한다. 럭크만 목사는 바로 자신은 아무런 불법 행위를 한 적이 없으며 언론의 자유에 대한 권리를 행사했을 뿐이라고 그 변호사에게 답변서를 보냈다. 아울러 "당신은 당신의 의무를 다하시오. 우리는 우리의 의무를 다할 테니까. 난 다음 주 토요일 9시에 그 장소에 가서 설교하겠소."라고 답변했다고 한다. 그리고 거리설교 사역을 지속해 나갔다고 한다. **하나님의 일을 맡아 하나님의 일을 하는 그리스도의 대사들은 강건하고 담대해야 한다. 절대로 적들의 위협에 겁을 먹고 두려워해 미리 굴복할 필요가 없는 것이다.**

『너는 강건하고 담대하라. 그들을 두려워하거나 무서워하지 말라. 그분께서는 너와 함께 가실 **주** 너희 하나님이시니 그분께서는 너를 단념하지도 않으시고 버리지도 아니하시리라." 하더라』(신 31:6).

다리오왕이 코세스왕의 칙령을 회복함(6장)

1. 다리오왕이 사실 관계를 확인함(1-5절)

적들이 다리오왕에게 보낸 서신 때문에 왕은 바빌론에 보물이 쌓여 있는 서고를 조사하도록 칙령을 내린다(1절). 이 구절에서 처음으로 도서관에 대한 언급이 나온다. 즉, 알렉산드리아에 도서관이 세워지기 오래전 특정 건물들 안에 둥글게 말린 "두루마리들"(scrolls)이 보물과 함께 보관되어 있었던 것이다. 그리고는 코레스가 내렸던 칙령이(대하 36장) 기록된 한 두루마리가 발견된다(2절). 다리오는 솔로몬 성전의 너비를 20큐빗에서 60큐빗으로(왕상 6:2), 그 높이를 30큐빗에서 60큐빗으로 확대시켜 놓았다(3,4절). 그 비용은 왕실에서 대기로 했다는 사실과(4절) 제사장들을 비롯해 하나님의 전에서 일하는 자들에게는 면세 특권까지 주었던 것이다(스 7:24). 뿐만 아니라 예레미야가 다시 돌아오게 될 것이라고 언급했던(렘 27:16-22) 『**기명들**』을 다시금 돌려놓았던 사실들이 밝혀진다(5절).

2. 다리오왕의 칙령의 내용(6-12절)

코레스왕의 칙령에 따른 성전 재건에 관해 분명히 알게 된 다리오왕은, 일단 성전 중단을 요청했던 서신을 보낸 강 저편의 총독 닷내와 스달보스내와 아팔삭인들인에게 강 저편에 있으라고 명령한다(6절). 아울러 성전 공사를 막지 말고 하나님의 전을 그 있던 자리에 건축하라고 명령한다(7절). 여기서 특히 『그 **있던 자리에**』란 표현을 주목하라. **이는 다윗왕이 그 땅의 원 소유주인 한 여부스인(삼하 24:21-25)에게서 돈을 주어 값을 지불하고 구입했던 바로 그 땅이**

다. 직접적으로 또는 간접적으로라도 어떤 "팔레스타인인"도 이 거래에 관여된 바가 전혀 없다. 지금 바위돔이 있는 그 터의 원 주인은 바로 유대인인 것이다. 그리고는 세금을 이 성전 건축에 사용하라고 명령한다(8절). 아울러 성전 건축에 필요한 『돌』과 『재목』(4절) 뿐만 아니라 번제에 필요한 『숫양들』과 『어린 양들』, 『수송아지들』, 『밀』, 『소금』, 『포도주』(9절) 등을 예루살렘에 있는 제사장들의 지정에 따라 매일 그들에게 착오 없이 내주라고 명령한다. 그리고 유대인들로 하늘의 하나님께 제사를 드리고 왕의 생명과 그의 아들들의 생명을 위하여 기도하게 하라고 명령한다(10절). 마지막으로 이 칙령을 변경하면 변경한 자는 그 집에서 들보를 빼내어 세우고 그 위에 그 사람을 매달며 그의 집을 퇴비더미로 만들라고 명령한다(11절). 이처럼 변경하지 못하도록 못을 박은 칙령을 내리며 이 일들을 속히 진행시키라고 명령한다(12절).

3. 성전 공사가 완공됨(13-22절)

왕의 칙령이 전달되자 유다의 적들은 신속하게 반응한다. 그리고 서둘러 일을 척척 처리해 낸다(13절). 이처럼 왕의 부가적인 도움으로 유대인들은 다리오왕 치리 제6년, 아달월 셋째 날에 완공시킨다(14,15절). 하나님께서는 코레스, 아탁세르세스, 페르시아의 다리오의 명에 따라 건축하여 완공되었다고 말씀하시며 이들 왕들에게 성전 완공에 대한 공로를 돌려주신다(14절). 이후 이스라엘은 성전 봉헌식을 거행한다(16절). 이 성전 봉헌일은 수세기를 거쳐 계속해서 지켜지고 있으며, 신약의 요한복음에도 나온다("수전절"). 이 봉헌식에서 유대인들은 수송아지 100마리, 숫양 200마리, 어린양 400마리, 숫염소 12마리를 제물로 바쳤다(17절). 하나님을 섬기는 일에 제사장들을 그들의 서열대로, 레위인들을 그들의 서열대로 세웠으며(18절) 유월절을 지키고(19,20절) 무교절을 7일간 지킨다(22절). 이처럼 성전이 완공되고 다시금 제사가 행해지면서 백성들의 마음이 기쁘고 즐겁게 된다. 이 모든 일은 앗시리아의 왕의 마음을 돌이키신 하나님의 위대한 능력의 역사 때문에 가능한 일이었다.

■ 새롭게 깨달았거나 적용할 내용이 있다면 적어 보세요. ■

제3과
복습문제

1. 학개와 스가랴의 예언은 예언의 이중 적용에 따라 미래에 있을 성전 건축의 예언에도 적용된다. (O , X)

2. 『그때 베드로와 사도들이 대답하여 말하기를 "사람보다 (   )께 순종하는 것이 마땅하도다』(행 5:29).

3. 하나님의 일을 맡아 하나님의 일을 하는 그리스도의 대사들은 강건하고 담대해야 한다. 절대로 적들의 위협에 겁을 먹고 두려워해 미리 굴복할 필요가 없다. (O , X)

4. 지금 예루살렘에 바위돔이 있는 성전 터의 원 주인은 유대인이다. 직접적으로든 간접적으로든 그 어떤 팔레스타인도 그 성전 터와 아무런 관련이 없다. (O , X)

5. 성전 공사가 완료될 수 있었던 것은 앗시리아 왕의 마음을 돌이키신 하나님의 위대한 능력의 역사 때문에 가능한 일이었다. (O , X)

■ 복습 문제의 정답은 홈페이지(www.solomonbtc.org)에서 확인할 수 있습니다.

NOTES

제4과
아탁세르세스가 성전 재건을 도움(7장)

『아탁세르세스왕 제칠년에 이스라엘 자손과 제사장들과 레위인들과 노래 부르는 자들과 문지기들과 느디님인들 중 얼마가 예루살렘으로 올라오니라. 에스라가 왕의 제칠년 다섯째 달에 예루살렘으로 왔으니 첫째 달 일일에 그가 바빌론을 떠나 그에게 내리신 그의 하나님의 선하신 손길에 따라 다섯째 달 일일에 예루살렘으로 왔더라』(스 7:7-9).

2차 귀환의 배경

에스라 6장과 7장 사이에는 약 60년의 시간 간격이 있다. 에스라 6장의 성전 완공 기사는 다리오(다리우스 대왕)의 치리 제6년의 일이었는데(스 6:15), 이는 B.C. 515년경의 일이다. 에스라 7장의 기사는 아닥세르세스(롱기마누스) 치리 제7년의 일이었고(스 7:7-9), 이는 B.C. 457년경의 일이다. 두 왕 사이의 기간에 펼쳐지는 역사는 에스더서에 기록되어 있다. 다리우스 대왕 이후에 집권했던 아하수에로(크세르크세스 1세)가 바로 에스더의 남편이 되는 왕이며, 롱기마누스는 그 뒤를 이어 왕이 되었다. 혼란을 피하기 위해 덧붙이자면 에스라 4장에 나오는 "아하수에로"와 "아닥세르세스"는 다리우스 대왕의 전대 왕들이므로, 크세르크세스 1세나 롱기마누스를 지칭하는 것이 아니다. 세속사에서는 그들을 각각 "캄비세스 2세", "가짜 스메르디스"라고 부른다.

요컨대 바빌론 포로들의 "2차 귀환", 그러니까 에스라가 예루살렘에 도착했던 사건은 성전이 완공된 지 한참이 지나서의 일이었다. 그러나 그곳의 유대인들은 "형식"은 갖췄을지언정 "본질"은 회복하지 못한 상태였다. 그들은 자신들의 성별을 지키지 못하고 점차 혼혈의 무리가 되어가고 있었다(스 9:1-2). 이러한 때에, 하나님께서는 그분의 사람 에스라를 예루살렘으로 올려 보내셨던 것이다.

■ 새롭게 깨달았거나 적용할 내용이 있다면 적어 보세요. ■

율법에 익숙한 서기관 에스라

『이 에스라가 바벨론에서 올라왔으니 그는 이스라엘의 **주** 하나님께서 주셨던 모세의 율법에 익숙한 서기관인데 그에게 내린 **주** 그의 하나님의 도우심대로 왕이 그의 요구하는 것을 다 허락하였더라』(스 7:6).

에스라는 레위인으로, 제사장이자 서기관이었다. "서기관(scribe)"이라는 단어는 "손으로 쓴 것(script)"이라는 단어로부터 나온 것이다. "성경(scripture)"이라는 단어 또한 같은 뿌리를 두고 있다. 어근으로부터도 알 수 있거니와 서기관들은 성경을 베껴 씀으로서 보존하는 사람들이었다(신 17:18,19 참조).

서기관 에스라는 힐키야의 증손이었는데, 이 힐키야는 요시야의 개혁 때에 성전에서 율법책을 발견했던 제사장이었다(왕하 22:8). 힐키야의 때에는 "율법책"이 소실되어 백성들은 이방인들의 가증함을 따라 갖가지 양상의 우상 숭배를 행했다. 요시야왕마저도 그 율법책의 내용을 확인한 순간 옷을 찢어야 했다. 그간의 무지 가운데 방치했던 죄들이 허다했기 때문이었다(왕하 22:10-13). 에스라의 때에도 상황은 비슷했다. 율법책이 소실된 것은 아니었지만 백성들이 율법에 익숙하지 못했던 것은 매한가지였다(느 13:1-3 참조). 존 번연이 잘 이야기했듯, 죄가 우리를 성경으로부터 멀어지게 하든지, 성경이 우리를 죄로부터 멀어지게 하든지 둘 중에 하나이다. 성경 어디를 펴도 익숙해야 할 하나님의 백성들이 그 말씀에 생소해지면, 죄로 인한 심판과 파멸이 반드시 뒤따르기 마련이다(호 8:11-14).

에스라는 이러한 위기, 즉 "난세"에 나타난 "영웅"이었다. 그의 증조부 힐키야는 요시야왕을 도와 율법책에 따른 개혁을 추진했다. 마찬가지로 율법에 익숙한 서기관이었던 에스라는 하나님의 말씀을 가르침으로써 백성들을 바로잡을 참이었다. 에스라는 이 일을 마음으로 준비했다(스 7:10). 그는 예수님의 초림 때에 활동했던 "입만 살아있는" 서기관들(마 23:1-4)과는 달랐다. 에스라는 주의 율법을 찾기만 하는 사람이 아니라, 그 율법을 행하는 사람이었다. 성경 교사에게는 이러한 간증이 필수적이다. 얼마나 많은 사람들이 목사들의 "내로남불"을 보면서 교회로부터 등을 돌렸는가! 앞에서 가르치는 것과 뒤에서 행동하는 것이 전혀 다른 양심이 썩어 문드러진 사람들은, 그 어떤 선한 일이라도 할 자격이 없다(딛 1:16, 고후 4:2).

아탁세르세스의 칙령(1) : 귀환대 조직

『내가 칙령을 내리노니 나의 나라에 있는 이스라엘 백성과 그의 제사장들과 레위인들 중 예루살렘으로 올라가고자 자원하는 모든 자는 너와 함께 갈지니라』(스 7:13).

아탁세르세스는 에스라의 요구 사항들을 흔쾌히 수락했던 것으로 보인다(스 7:6). 그는 칙령을 내려 왕과 그의 일곱 의논자들의 이름으로 에스라를 예루살렘으로 보냈고(스 7:14), 함께하고자 하는 모든 사람들을 데리고 갈 수 있었다. 당시에는 개인 자격으로 예루살렘까지의 여정을 계획하고 실행하려면 쉽지 않았을 것이다. 여러 위험이 도사리고 있을 터였기 때문이다(스 8:22 참조). 아탁세르세스는 이러한 처지에 있던 유대인들을 배려해서, 원한다면 에스라에게 합류해서 갈 수 있도록 해주었던 것이다.

아탁세르세스의 칙령에서 "자원하다", "기꺼이"와 같은 표현이 반복된다는 사실은 주목할 만하다. 이는 인간이 "자유의지(freewill)"를 가진 존재이며, 하나님께서 이를 존중하신다는 사실을 보여주는 대목이다. 하나님께서는 누군가를 "강제로" 거듭나게 하시지 않는다. 바벨론 포로 때 끌려와서 메데-페르시아 전역으로 흩어진 유대인들은, 또다시 예루살렘으로 "강제 이주" 당한 것이 아니었다. 왕과 그 의논자들은 그들의 은과 금을 "강제로" 빼앗긴 것이 아니었다. 이 모든 일들은 자유의지에 따른 선택이었다.

그런데도 존 칼빈과 그의 추종자들은 인간이 타락할 때 의지까지도 사용할 수 없게 되었다고 주장한다. 그들은 다음과 같은 말씀을 전혀 이해하지 못할 것이다. 『**네 승낙이 없이는 내가 아무것도 하기를 원치 아니하노니 이는 너의 선한 일이 억지로 되지 아니하고 자의로 되게 하려 함이라**』(몬 1:14). 하나님께서도 이와 같은 마음을 갖고 계신다. 그분께서는 우리를 프로그래밍된 대로 움직이는 기계로 만들지 않으셨다. 그분께서는 우리를 "강제하지" 않은 일이라도 "자원해서" 할 수 있는 존재로 만드셨다. 그렇게 함으로써 우리와 풍성한 사랑을 주고받기를 원하셨던 것이다(고후 9:7).

아탁세르세스의 칙령(2) : 섬김과 재정 지원

『나, 즉 나 아탁세르세스왕이 강 저편에 있는 왕의 보물 창고지기들에게 칙령을 내리노라. 하늘의 하나님의 율법 서기관인 제사장 에스라가 너희에게 요구하는 것은 무엇이든지 신속하게 시행하되 은은 일백 달란트까지, 밀은 일백 말까지, 포도주는 일백 밧까지, 기름은 일백 밧까지 주고 또 소금은 양을 정하지 말고 주라』(스 7:21,22).

아탁세르세스는 일종의 "백지 수표"를 써주면서 에스라를 예루살렘으로 보냈다. 이는 철저히 "계산적인" 움직임이었다. 칙령을 통해서도 드러나거니와,

아닥세르세스는 예루살렘에 하나님께서 계시다는 사실을 알고 있었다(스 7:15). 또한, 그곳에서 그분을 섬기는 일이 제국의 흥망성쇠를 결정한다는 것 또한 알고 있었다(스 7:23). 그래서 아닥세르세스는 이 일을 지원하는 데에 재정적 지원을 아끼지 않았던 것이다.

이와 유사한 태도를 앗시리아 왕에게서도 엿볼 수 있다. 북왕국 이스라엘을 정복한 앗시리아 왕은 그 땅에 여러 이방인들을 강제 이주시키는 정책을 썼다. 그러자 하나님께서는 사자들을 보내셔서 그 사람들을 죽이게 하셨고, 이에 앗시리아 왕은 그 땅으로 이주해 간 백성들에게 하나님의 법도를 가르쳐야 할 필요성을 느꼈다. 이에 앗시리아 왕은 사마리아에서 잡아갔던 제사장들 중에 하나를 벧엘에 두고, 주를 두려워하는 방법을 가르치도록 했다. 물론, 금송아지 숭배의 왕국이었던 북왕국 출신의 제사장이 제대로 된 사람일 리가 없었으므로, 그 땅에서는 여전히 우상 숭배가 횡행했지만 말이다(왕하 17:24-41).

이방인 왕들이 보였던 이와 같은 태도는 "그리스도인들을 선대하는" 사람들의 그것과도 같다. 그들은 때로 다른 사람들에게 기도를 부탁하기도 하고, 타인의 신앙을 추켜세우기도 한다. 그러나 거기까지다. 그들은 결코 스스로 하나님을 찾지 않는다. 그들에게 하나님은 "우리의 하나님"도 아니요, "나의 하나님"도 아니다. 그들은 하나님을 "당신의 하나님"이라고만 생각한다(삼상 12:19, 렘 42:2 참조). 신약 교회 시대에 구원받은 우리 그리스도인들은, "타인의 하나님"께 무언가를 간구해야 할 이유가 전혀 없다. 하나님을 찾는 데에 주 예수 그리스도 외의 "대리자"는 필요 없다. 그저 주님의 보혈을 통해 담대하게 직접 하나님께 나아가면 되는 것이다(히 10:19,20).

■ 새롭게 깨달았거나 적용할 내용이 있다면 적어 보세요. ■

아탁세르세스의 칙령(3) : 신정 통치

『너 에스라는 네 손에 있는 네 하나님의 지혜를 좇아 네 하나님의 율법을 아는 자들로 행정관과 재판관들을 삼아 강 저편에 있는 모든 백성을 재판하게 할지니라. 또 너희는 율법을 알지 못하는 자들을 가르치라』(스 7:25).

아탁세르세스는 에스라에게 행정권과 사법권을 위임하는데, 이는 "국가교회적"이며 "제정일치적" 성격을 띠었다. 에스라에게는 하나님의 말씀에 입각하여 잘잘못을 가릴 권한뿐 아니라, 물리적인 심판까지도 실행할 권한이 주어졌다. 하나님의 전에서 일하는 자들에게는 세금이 면제되기도 했다. 우리는 이 지점에서 세금에 관한 주님의 가르침을 상기해 봄 직하다. 주님께서는 왕들의 자손들은 세금을 면제받아야 한다고 말씀하셨다(마 17:24-26). 이러한 점에서 아탁세르세스는 하나님의 전의 일꾼들을 왕에게 속한 사람들로 대우해 주었다고 할 수 있다.

에스라에게 주어졌던 제정일치적 통치권은 장차 도래할 천년왕국의 그것을 예표한다. 우리 그리스도인들은 현 세상에서 하나님의 말씀에 위배되는 작태를 발견했다고 해도 그것을 물리적인 방법으로 바로잡지는 않는다. 로마카톨릭과 일부 종교개혁자들은 유대인들에게 주어졌던 약속이 "교회"로 옮겨졌으므로, "교회"에게 물리적 심판을 집행할 권한이 넘어왔다고 생각하지만 말이다. 이는 오해다. 하나님께서는 그런 문제를 직접 해결할 생각을 하지 말고, 그분께 의탁하라고 하셨다(고후 10:3,4). 그러나 주님께서 이 땅에 왕국을 수립하시면 사정이 달라진다. 주님의 정부는 말씀을 위반한 범죄에 대해 물리적으로 철퇴를 가할 것이며(마 5:22 참조), 우리는 그 정부의 일원이 될 것이다.

에스라 7장은 아닥세르세스왕을 통해 이 모든 일들을 가능하게 해주신 하나님께 대한 감사로 끝을 맺는다. 율법에 익숙한 서기관이었던 에스라는 이런 말씀에도 익숙했을 것이다. 『**왕의 마음이 주의 손 안에 있음이 마치 강의 물 같으니, 그가 원하시는 곳이면 어디로라도 그것을 돌이키시느니라**』(잠 21:1). 에스라는 세간의 표현처럼 "일이 잘 풀렸다"고 생각하지 않았다. "일을 잘 풀어주시는" 손을 의식하고 있었기 때문이다(스 7:28). 우리들은 인생에서 때로 스스로의 노력으로는 결코 해결할 수 없는 문제들을 만나곤 한다. 다른 사람이 마음을 바꿔 주어야 한다거나, 제도가 바뀌어야 한다거나, 제어할 수 없는 어떤 타이밍이 맞아야 한다거나 하는 등 말이다. 그럴 때면 할 수 있는 일이 없다고 손을 놓고 있지 말고, 에스라처럼 하나님의 손을 의식하도록 하자. 그리고 하나님의 말씀을 가르칠 것을 마음으로 준비했던 에스라처럼, 자신의 마음을 올바로 예비하도록 하자. 하나님께서 이렇게 약속하시기 때문이다. 『**이는 주의 눈은 온 땅을 두루 살피시어 자신을 향하여 마음이 온전한 자들을 위하여 자신이 강함을 보이심이니이다**』(대하 16:9).

■ 새롭게 깨달았거나 적용할 내용이 있다면 적어 보세요. ■

제4과
복습문제

1. 에스라 7장에서 2차 귀환을 윤허했던 아탁세르세스는, 과거 에스라 4장에서 성전 공사를 중단하게 한 적이 있었다. (O , X)

2. 성경은 항상 서기관들에 대해 부정적으로 말씀하신다. (O , X)

3. 하나님께서는 창세전에 모든 일들을 그분의 주권으로 결정해 두셨기에, 인간의 자유의지란 허상에 불과하다. (O , X)

4. 아탁세르세스가 유대인들을 지원해 주었던 것은 그가 철저히 회심하고 이스라엘의 하나님께로 돌이켰다는 증거라고 볼 수 있다. (O , X)

5. 에스라에게 하나님의 율법에 따라 법을 집행할 권한이 부여되었듯이, 그리스도인들도 지상에서 하나님의 법을 실행하는 정부를 만들어 나가는 데에 힘써야 한다. (O , X)

6. 『(   )이 (   ) 안에 있음이 마치 강의 물 같으니, 그가 원하시는 곳이면 어디로라도 그것을 돌이키시느니라』(잠 21:1).

■ 복습 문제의 정답은 홈페이지(www.solomonbtc.org)에서 확인할 수 있습니다.

NOTES

제5과

에스라의 위대한 참회 기도(8,9장)

『저녁 제사 때에 내가 낙담해서 일어나 옷과 외투를 찢은 채로 무릎을 꿇고 **주** 나의 하나님께 손을 들고 말씀드렸도다』(스 9:5,6).

바빌론에서 올라온 족장들과 그들의 계보(8:1-14)

『아탁세르세스왕 치리 때에 나와 함께 바빌론에서 올라온 족장들과 그들의 계보는 이러하니라』(1절).

에스라 8:1-14은 성경의 "따분한" 내용으로서, 역사적 인물들의 이름들과 그들의 수가 세밀하게 기록되어 있다. 여기에는 이중목적이 들어 있는데, **첫째, 하나님께서는 그분의 아들과 연관된 사람은 그가 누구든지 관심을 갖고 계신다**는 것이고, **둘째, 대수롭지 않은 사람들의 이름들이 하나님의 영원한 책에 기록되어 있다**는 것이다. **『형제들아, 너희는 너희의 부르심을 보라. 부르심을 받은 자들은 육신을 따라 지혜로운 자가 많지 않고 권력 있는 자도 많지 않으며 좋은 가문에서 태어난 자도 많지 아니하니라. 그러나 하나님께서 세상의 어리석은 것들을 선택하심은 지혜로운 자들로 부끄럽게 하시려는 것이요, 하나님께서 세상의 약한 것들을 선택하심은 강한 것들을 부끄럽게 하시려는 것이라. 하나님께서 세상의 천한 것들과 멸시받는 것들을 선택하신 것은 없는 것들로 있는 것들을 쓸모없게 만들려 하심이라』**(고전 1:26-28). 럭크만 박사는 "역사상 자기들의 학문을 신뢰하는 수많은 죄인들은 최후의 심판석 앞에 나아가서, 모세가 나타나기 전 이미 하나님께서 기록하신 한 책(출 32:32,33)에 본문의 사람들과 같은 이름들이 들어 있는 것을 발견하게 될 때, 엄청난 충격을 받게 될 것이다. 게다가 그 이름들은 지상에 있는 모든 종교가 다 소멸되고 난 뒤에도 오랫동안 거기에 남아 있을 것이다. 반면 지금까지 살았던 사람들 중 가장 유명하고 널리 알려진 사람들의 명단을 찾으나 그 이름들이 없다는 것을 알고 또 큰 충격을 받을 것이다. 하나님의 관점에서 기록된 〈후즈후, Who's Who〉(인명록)를 보고 얼마나 눈이 휘둥그레지겠는가!"라고 했다. 하나님께서 그분의 책에 우리와 같은 "평범한 사람들"의 이름들을 기록해 놓으셨다는 사실에 감사해야 한다.

난관을 극복하고 사명을 완수하다(8:15-36)

『그때에 내가 거기 아하와 강가에서 금식을 선포하였고 우리 하나님 앞에서 우리가 스스로 겸손해져서 우리와 우리 어린 것들과 우리의 모든 소유를 위하여 곧은 길을 그분께 구하였으니 이는 우리가 전에 왕에게 고하여 말하기를 "우리 하나님의 손은 그분을 찾는 모든 자에게 선을 베푸시나 자기를 버리는 모든 자에게는 그의 권능과 진노를 베푸신다." 하였으므로 도중에 원수를 대적하여 우리를 도울 군대와 기병들을 왕에게 요구하기를 내가 부끄러워하였음이라... 그리고 나서 우리가 첫째 달 십이일에 아하와 강을 떠나 예루살렘으로 가는데 우리 하나님의 손이 우리에게 계셔 원수의 손과 길에서 매복한 자들의 손에서 우리를 구해 주셨도다』(8:21,22,31).

에스라 8장의 나머지 부분은 에스라가 예루살렘으로 들어가는 여정을 기록한 것이다. 아하와 강가에서 3일 동안 "인원점검"을 했을 때 레위인들이 빠져 있다는 사실을 알게 된(15절) 에스라는 우두머리들인 엘리에셀과 아리엘과 스마야와 엘나단과 야립과 엘나단과 나단과 스카랴와 므술람과 명철한 자들인 요야립과 엘나단을 불러서 전갈을 쥐어 주며 카시피아(페르시아) 지방의 족장인 잇도와 그의 형제 느디님인들에게 보냈는데, 우두머리들과 명철한 자들이 전달할 내용은 『**그들이 우리 하나님의 전을 위하여 일꾼들을 우리에게 데려와야 한다는 것**』(17절)이었다. 그리하여 그들은 『**하나님의 선하신 손길**』(18절)을 힘입어 239명의 "성전 봉사자들"을 데려왔다(18-20절). 에스라 2:43,70;

8:17,20, 느헤미야 7:46,60,73 등에서 언급된 『**느디님인들**』은 레위 지파는 아니지만 레위인의 제사장들을 섬기는 것이 임무였던 성전 봉사자들이었다.

성전 봉사자들을 카시피야 지방에서 데려오자 에스라는 아하와 강가에서 금식을 선포하고 이스라엘의 하나님 앞에서 백성들과 함께 스스로 겸손해져서 『**우리와 우리 어린 것들과 우리의 모든 소유를 위하여 곧은 길을 그분께 구하였**』다(21절). 이는 그들이 전에 이방인인 아탁세르세스왕에게 고한 말 때문이었다. 『**이는 우리가 전에 왕에게 고하여 말하기를 "우리 하나님의 손은 그분을 찾는 모든 자에게 선을 베푸시나 자기를 버리는 모든 자에게는 그의 권능과 진노를 베푸신다." 하였으므로 도중에 원수를 대적하여 우리를 도울 군대와 기병들을 왕에게 요구하기를 내가 부끄러워하였음이라**』(22절). 에스라는 그 이방 왕에게 "이스라엘의 하나님"의 보호하심에 관해 자부했었다. 눈에 보이지 않으시는 하나님께서 보호해 주실 것이라고 장담했으니 이방 왕에게 군대와 기병들을 요구하는 것이 부끄러웠던 것이다. 그래서 에스라가 택한 방법이 "금식"이었다. 하나님께만 전적으로 매달리기로 작정한 것이다. 하나님께서는 에스라와 그 백성들의 그와 같은 결단 있는 금식 기도에 응답하셨다. 『**그러므로 우리가 금식하고 이것을 위하여 우리 하나님께 간구하였더니 그분께서 우리의 간구를 들으셨더라**』(23절).

여행을 위한 물리적인 준비를 하기 이전에 에스라와 백성들은 "금식"과 "기도"로 영적인 준비를 했다(21절). 여행에서의 보호를 위해 하나님을 전적으로 의지할 뿐만 아니라, 하나님께서 모든 상황을 통제하실 수 있다는 믿음을 금식과 기도로 보여 드림으로써 백성들 스스로 영적으로 무장되었던 것이다. 이것은 하나님 없이는 예루살렘으로의 여행을 결코 완수할 수 없다는 믿음을 보여 준 것이었다. 마찬가지로 우리 역시 모든 섬김

에 하나님을 인정하고 그분의 도움을 먼저 구함으로써 우리 앞에 놓여 있는 문제들에 대해 최상의 준비를 해야 한다. 영적인 준비가 먼저고 물리적인 준비는 그다음이다. **『네 모든 길들에서 그를 인정하라. 그리하면 그가 네 길들을 지도하시리라』**(잠 3:6).

에스라의 경우에서 보듯이 "기도와 금식"은 믿음으로 이룰 수 있는 역사에 "특별한 힘"을 부여한다(마 17:14-21). 하나님의 보호하심을 전적으로 의지했던 에스라의 믿음은 방탄차와 사설 경호원으로 둘러싸인 카톨릭 교황과 전적으로 대비된다. 예수님께서는 죽임을 당하실 위험들이 있었지만(눅 4:29, 요 8:59) 하나님의 계획 가운데 있는 사역을 완수하시기 전에는 결코 죽으실 수 없음을 아셨기 때문에 육신적인 보호 장치를 마련하지 않으셨다. 예수님께서는 "일할 수 있는 낮에는 결코 넘어지지 않는다"는 점을 의식하며 아버지의 일을 담대히 수행하셨다. **『때가 낮일 동안에 나는 나를 보내신 분의 일들을 행하여야 하리라. 밤이 오면 그때는 아무도 일할 수 없느니라. 내가 세상에 있는 동안 나는 세상의 빛이라』**(요 9:4,5). **『그후에 주께서 제자들에게 말씀하시기를 "유대로 다시 가자."고 하시더라. 제자들이 주께 말씀드리기를 "선생님, 최근에 유대인들이 선생님을 돌로 치려 하였는데 다시 그곳으로 가시려나이까?"라고 하니 예수께서 대답하시기를 "낮은 열두 시간이 아니냐? 누구나 낮에 다니면 넘어지지 아니하리니, 이는 그가 이 세상의 빛을 보기 때문이라. 그러나 사람이 밤에 다니면 넘어지나니, 이는 빛이 그 사람 안에 없기 때문이라."고 하시더라』**(요 11:7-10). 하나님께서는 "그분의 계획 가운데 있고" "일할 수 있는" 성도의 생명을 보호해 주신다.

에스라는 그의 금식 기도가 응답될 것이라는 확신에 차 있었다. **『그러므로 우리가 금식하고 이것을 위하여 우리 하나님께 간구하였더니 그분께서 우리의**

간구를 들으셨더라』(23절). 에스라의 확신 있는 기도는 다음과 같이 응답되었다. 『**그리고 나서 우리가 첫째 달 십이일에 아하와 강을 떠나 예루살렘으로 가는데 우리 하나님의 손이 우리에게 계셔 원수의 손과 길에서 매복한 자들의 손에서 우리를 구해 주셨도다**』(31절). **믿고 의심하지만 않는다면 "겨자씨 한 알만한 믿음"으로도 놀라운 일들을 이룰 수 있다**(마 17:20).

금식 기도가 끝난 에스라는 제사장들 중 우두머리 열둘을 구별하여 예루살렘으로 가져갈 "매우 값비싼 물품"(24-30절)을 관리하게 한다. 신약성경에 이에 상응하는 상황이 나오는데, 사도 바울이 마케도니아 교회들에서 모금한 거액의 연보를(고후 8:1,2) 예루살렘의 가난한 성도들에게(고전 16:1-3) 전달할 성실한 형제들을 선정한 경우이다(고후 8:16-21).

하나님의 보호하심 가운데 금과 은과 거룩한 기명들을 가지고서 예루살렘에 가게 된 에스라 일행은 그곳에서 삼 일간 머무른 후 넷째 날에 하나님의 전에서 그 모든 것을 계수하여 무게를 달아보고 모든 무게를 기록했다(32-34절). 끌려갔었던 자들의 자손들도 사로잡힘에서 풀려 나와 이스라엘의 하나님께 번제를 드렸으며, 그들이 왕의 조서(아탁세르세스가 보낸 지시 사항들, 7:21)를 왕의 대신들과 강 이편의 총독들에게 전하였더니 그들이 성전을 건축하고 성전에 기명들을 채우는 일에 있어서 유대인들을 도와 주었다(35,36절).

■ 새롭게 깨달았거나 적용할 내용이 있다면 적어 보세요. ■

에스라의 위대한 참회 기도(9장)

『저녁 제사 때에 내가 낙담해서 일어나 옷과 외투를 찢은 채로 무릎을 꿇고 **주** 나의 하나님께 손을 들고 말씀드렸도다. "오 나의 하나님이여, 내가 부끄럽고 얼굴이 뜨거워서 내 얼굴을 내 하나님께 들지 못하오니 이는 우리의 죄악이 많아져서 우리의 정수리에 넘치고 우리의 허물이 쌓여서 하늘들에 미침이니이다』(9:5,6).

재판관들의 시대부터 이스라엘 남자들은 이방 여인들과 혼인을 하고 그들의 종교적 실행을 받아들였다(판 3:5-7). 심지어 이스라엘 왕인 솔로몬까지 이 죄를 범했다(왕상 11:1-8). 이러한 실행은 율법에 금지되었지만(출 34:11-16, 신 7:1-4), 에스라 때 범해졌고, 그로부터 한 세대 뒤에 또다시 범해졌다(느 13:23-27).

에스라 9:1-4에서는 이방인들과의 혼합으로 인해 유대인들의 "분리 문제"가 대두되었고, 이 문제가 에스라의 참회 기도를 이끌었다. **『이런 일이 이루어지자 고관들이 내게 와서 말하기를 "이스라엘 백성과 제사장들과 레위인들이 그 땅의 백성들로부터 구별되지 아니하고 카나안인들, 힛인들, 프리스인들, 여부스인들, 암몬인들, 모압인들, 이집트인들과 아모리인들의 가증함을 따라 행하니 이들이 그들의 딸들을 취하여 자신들과 그들의 아들들의 아내로 삼았으므로 거룩한 씨가 그 땅들의 백성을 자기들과 섞었으니 실로 고관들과 관원들의 손이 이 죄에 으뜸이 되었도다." 하더라. 내가 이 일을 듣고 내 옷과 외투를 찢고 내 머리털과 수염을 뜯고 기가 막혀 앉았는데 이스라엘의 하나님의 말씀에 떠는 모든 자가 사로잡혀갔었던 자들의 범죄로 인하여 내게로 모여들었고 내가 저녁 제사 때까지 기가 막혀 앉아 있었도다』**(1-4절).

하나님의 『거룩한 씨』(2절)가 『그 땅들의 백성』(2절), 곧 "불결하고 가증한 짓을 저지르는"(12절) 『가증한 백성』(14절, 합족)과 통합한 것이 문제였다(2절). 그 일에 가장 앞장선 것이 바로 고관들과 관원들이었으니 에스라가 "기가 막힐"(4절) 만했다. 그때 『**하나님의 말씀에 떠는 모든 자**』가 에스라에게 모여들었는데, 하나님께서는 그분의 말씀에 떠는 자들을 보살펴 주신다. 『**주가 이같이 말하노라. 하늘은 나의 보좌요, 땅은 나의 발판이라. 너희가 나에게 지어 준 집이 어디 있으며, 나의 안식할 곳이 어디 있느냐?** 그 모든 것들을 나의 손으로 지었으며, 그 모든 것들을 내가 이루었느니라. **주**가 말하노라. 그러나 이러한 사람은 내가 보살피리니 곧 영이 가난하고 통회하고 내 말에 떠는 자라』(사 66:1,2). 이방인들과 통합한 죄에 대해 회개하고 "하나님의 말씀에 떨며" 에스라의 명령을 따른 이스라엘 백성들은 이후 10장에서 성별을 회복하는 "부흥"을 경험하게 된다. 위대한 부흥은 하나님의 말씀에 떠는 성도들 안에서 일어난다.

하나님께서는 인종차별주의자시요(딛 1:12,13) 분리주의자이신(신 32:8) 반면, 인간의 악한 본성은 통합주의이다. 하나님께서 나누신 것을 인간은 합치려는 경향이 강하다. 하나님께서는 자신이 분리주의자이심을 이방인과 유대인을 구별시키는 할례와 안식일 의식뿐만 아니라 의복 재료(레 19:19), 농작물(레 19:19), 복장(신 22:5), 음식(레 11장), 머리모양(레 19:27)에서도 구별을 두심으로써 나타내셨다. 하지만 창세기 11장의 바벨탑 사건 이후로 인류는 과거 "님롯"과 같은 통치자를 중심으로 한데 모이려고 노력해 왔다. 인종통합과 종교통합은 인류의 숙원이 되었지만 성경은 그에 대해 강력히 경고하고 있다. 이스라엘과 유다는 통합한 죄로 인해 멸망당했다(왕상 11:1-9, 느 13:26).

이스라엘은 민족들 가운데서 홀로 분리되어 있는 민족이다. 『**내가 바위들의 꼭대기에서 그를 보며 작은 산들에서 그를 보니, 보라, 이 백성이 홀로 거할 것이요, 민족들 가운데 있는 것으로 여겨지지 아니하리라**』(민 23:9). 『**영원하신**

하나님이 너의 피난처시니, 그 영원하신 팔이 아래에 있도다. 그분께서 네 앞에서 그 원수를 쫓아내시며 말씀하시기를 "그들을 멸하라." 하시리로다. 그때에 이스라엘은 안전한 곳에 홀로 거할 것이요, 야곱의 샘은 곡식과 포도주의 땅에 있을 것이며 그의 하늘들도 이슬을 내리리로다. 오 이스라엘아, 너는 행복하도다. 오 **주**에 의해 구원받은 백성이여, 누가 너와 같으리요, 그분은 네 도움의 방패시며 네 탁월함의 칼이시로다! 네 원수들이 네게 거짓말쟁이로 드러날 것이요, 너는 그들의 높은 곳들을 밟으리라』(신 33:27-29). 에스라 9:11,12은 이스라엘 민족이 "분리"해야 할 이유와 그들이 지켰어야 했지만 "버리고 말았던" 『계명들』(10절)에 관해 말씀한다. 『이것[계명들]은 주께서 주의 종 선지자들로 명하여 말씀하시기를 '너희가 가서 차지하려는 땅은 그 땅의 백성의 불결함과 그들의 가증함으로 더러운 땅이니 이 끝에서 저 끝까지 그들의 더러움으로 가득 찼느니라. 그러므로 이제 너희의 딸들을 그들의 아들들에게 주지 말고 그들의 딸들도 너희 아들들에게 데려오지 말며 그들의 화평이나 그들의 안녕도 영원히 구하지 말라. 그리하면 너희가 강성하게 되어 그 땅의 좋은 것을 먹고 그 땅을 영원토록 너희 자손에게 유업으로 남겨 주게 되리라.' 하신 것이니이다』(11,12절). 하나님의 이 "분리주의 원칙"은 신약에서 "영적 성별"의 문제로 드러난다. 『믿지 않는 자들과 멍에를 같이 메지 말라. 의가 불의와 어찌 관계를 맺으며 빛이 어두움과 어찌 사귀겠느냐? 그리스도가 벨리알과 어찌 조화를 이루며 또한 믿는 자가 믿지 않는 자와 어떤 부분을 같이하겠느냐? 하나님의 성전과 우상들이 어찌 일치되겠느냐? 이는 너희가 살아 계신 하나님의 성전임이라. 하나님께서도 말씀하시기를 "내가 그들 가운데서 살 것이며 그들 가운데서 다닐 것이며 나는 그들의 하나님이 되고 그들은 나의 백성이 되리라. 그러므로 주가 말하노라. 너희는 그들에게서 나와 따로 있고 더러운 것을 만지지 말라. 그리하면 내가 너희를 영접할 것이며 또 나는 너희에게 아버지가 되고 너희는 내 아들들과 딸들이 되리라. 전능하신 주가 말하노라."고 하셨느니라』(고후

6:14-18). 신약에서 말씀하는 분리(성별)는 "세상"(약 4:4, 요일 2:15-17)과 "인종"(딛 1:12,13), "종파"(딛 3:10), "교리"(딤후 2:19-21), "성도 개인"(엡 5:6-16) 등에 적용된다.

올바른 참회의 자세

『오 나의 하나님이여, 내가 부끄럽고 얼굴이 뜨거워서 내 얼굴을 내 하나님께 들지 못하오니 이는 우리의 죄악이 많아져서 우리의 정수리에 넘치고 우리의 허물이 쌓여서 하늘들에 미침이니이다.』(6절)로 시작하는 에스라의 참회 기도는 다음과 같이 끝난다. **『우리가 다시 주의 계명을 어기고 이 가증한 백성과 더불어 인척 관계를 맺겠나이까? 그리하오면 주께서 우리에게 진노하시어 남는 자나 피할 자가 없도록 진멸하지 아니하시겠나이까? 오 이스라엘의 주 하나님이여, 주께서는 의로우시나니 이는 우리가 남아 피한 것이 오늘과 같음이니이다. 보소서, 우리가 주 앞에 범죄하였사오니, 우리가 이로 인하여 주 앞에 서지 못하겠나이다』**(14,15절). 에스라의 기도는 진실로 참회하는 마음에서 비롯되었다. 참으로 참회하는 사람은 자신이 죄로 인해 주 앞에서 서지 못할 지경으로 부끄러운 존재라는 것을 자각한다. 자신의 죄에 대한 카인 같은 "뻔뻔스러운" 태도는 성도들에게 합당치 않다. **『카인이 주께 말씀드리기를 "내 벌이 내가 감당하기에 너무 크니이다』**(창 4:13).

■ 새롭게 깨달았거나 적용할 내용이 있다면 적어 보세요. ■

제5과
복습문제

1. 하나님께서는 그분의 아들과 연관된 사람은 그가 누구든지 관심을 갖고 계신다 (O , X)

2. "느디님인들"은 레위 지파는 아니지만 레위인의 제사장들을 섬기는 것이 임무였던 (　　　　　) 봉사자들이었다.

3. 눈에 보이지 않으시는 하나님께서 보호해 주실 것이라고 장담한 에스라가 이방 왕에게 군대와 기병들을 요구하는 것은 부끄러운 일이었다. 그래서 그가 택한 방법은 (　　　　　)이었다.

4. 하나님께서는 "그분의 (　　　　　) 가운데 있고" "(　　　)할 수 있는" 성도의 생명을 보호해 주신다.

5. 하나님께서는 인종차별주의자시요(딛 1:12,13) 분리주의자이신(신 32:8) 반면, 인간의 악한 본성은 (　　　　　)주의이다.

■ 복습 문제의 정답은 홈페이지(www.solomonbtc.org)에서 확인할 수 있습니다.

NOTES

제6과
성별의 회복(10장)

『그러므로 이제 내 주와 우리 하나님의 계명 앞에서 떠는 자들의 의견대로 우리로 우리 하나님과 언약을 세워 모든 아내들과 그들에게서 태어난 소생을 내어 보내게 하여 이 일이 율법에 따라 이루어지게 하소서』(스 10:3).

에스라의 기도와 자백에 반응한 백성들(1-5절)

『에스라가 하나님의 전 앞에서 울며 엎드려 기도하고 자백하자, 이스라엘에서 남녀와 어린아이의 심히 큰 무리가 그에게로 모여들었으며, 백성이 심히 통곡하더라』(1절).

에스라의 참회 기도가 끝나자 특이한 일이 일어난다. 남녀노소 가릴 것 없는 이스라엘의 큰 무리가 그에게 모여들어 심히 통곡한 것이다. 이것을 흔히 "죄를 뉘우치게 하시는 성령님의 참된 역사"라고 부르는데, 성령님께서 에스라 한 사람 안에 역사하시자 누가 강요하지 않았는데도 그 참회의 불길이 주변으로 번져 나갔다. 이 참회 집회는 의도적으로 소집한 것도 아니었고, 현대의 교회들처럼 CCM을 연주하며 찬양 사역자들의 초청이 있었던 것도 아니었다. 그것은 "무릎 꿇는 한 사람의 기도"를 통해서, 자기 백성이 연루된 심각한 죄에 관한 "하나님의 말씀을 깨닫고 무서워 떨었던"(합 3:2) 한 사람의 자백을 통해서 일어난 일이었다. "에스라의 울음이 백성의 통곡을 낳았다." 집회는 『**남녀**』와 『**어린아이의 심히 큰 무리**』(1절)까지 자발적으로 모여들어 확장되었다. 참된 부흥은 이처럼 어떠한 강요나 초청도 없이 자발적으로 일어나는 법이다.

한 사람의 경건함이 전체 회중에게 영향을 미칠 수 있다. 한 사람의 자백이 다음과 같이 전체 회중의 자백으로 이어질 수 있다. 『**엘람 자손 중 하나인 여히엘의 아들 스가냐가 에스라에게 대답하여 말하기를 "우리가 우리 하나님을 거역하여 범죄하였고 그 땅의 백성에게서 타국 아내들을 취하였으나 오히려 이제 이스라엘에는 이 일에 대하여 소망이 있나이다. 그러므로 이제 내 주와 우리 하나님의 계명 앞에서 떠는 자들의 의견대로 우리로 우리 하나님과 언약을 세워 모든 아내들과 그들에게서 태어난 소생을 내어 보내게 하여 이 일이**

율법에 따라 이루어지게 하소서. 일어나소서. 이 일이 당신께 속하였나이다. 우리도 당신과 함께하리니 용기를 내어 그 일을 행하소서." 하더라』(2-4절). 성도가 "**하나님의 뜻대로 하는 슬픔**"은 『**우리 하나님과 언약을 세워 모든 아내들과 그들에게서 태어난 소생을 내어 보내**』는(3절) 행위로 이어지기 때문에 후회할 것이 없다(고후 7:10). 이스라엘은 지도자들이 나서서 에스라에게 힘을 실어주었다(4절). 지도자에게는 백성들의 지지와 격려가 필요하다(cf. 신 1:38; 3:28). 참된 회개는 "말씀을 듣기만 하지 않고 행하는 자"(약 1:22)를 낳는 법이다. 참된 회개는 자백하는 말들로 끝나지 않고 구체적인 행동으로 이어진다. 그렇기에 지금 이스라엘은 분리주의자이신 하나님의 뜻에 맞게 "분리"를 실제적으로 단행하려 하고 있다.

큰 비를 맞으며 분리를 단행하는 백성들(6-17절)

『그러자 에스라가 하나님의 전 앞에서 일어나서 엘리아십의 아들 요하난의 방으로 들어가니라. 그가 거기에 들어가서 빵도 먹지 아니하고 물도 마시지 아니하였으니 이는 그가 끌려갔었던 자들의 죄로 인하여 애도하였음이더라. 그들이 유다와 예루살렘 전역에 사로잡혀갔던 모든 자손들에게 공표하기를 그들이 예루살렘으로 다 모여야 한다고 하며 삼 일 안에 오지 아니하는 자는 누구든지 고관들과 장로들의 의견에 따라 그 사람의 재산을 모두 몰수하고 끌려갔던 자들의 모임에서 분리시키리라 하였더라』(6-8절).

백성들이 "분리"의 문제에 대해 지지하자 에스라는 엘리아십의 아들 요하난의 방으로 들어가 다시 한번 더 금식한다. 이유는 포로로 잡혀갔던 자들의 죄로 인한 슬픔을 주체할 수 없었기 때문이다. 금식이 끝난 후 그는 백성들을 예루살렘으로 모이도록 공표하는데, 모이지 않는 자는 그의 재산을 완전히 몰수하고(자산 압류) 포로로 잡혀갔던 자들의 모임에서 "탈퇴"(추방)시킬 것이라고 엄포를 놓았다. 이로써 하나님의 말씀에 "떨지 않는" 유대인들을 떨도록 만들었을 것이다.

에스라가 백성들을 모이도록 한 곳은 "예루살렘"이었다. 예루살렘은 B.C. 1100년 다윗왕 때부터 B.C. 520년 에스라 시대까지 예루살렘이 유대 국가의 수도였다. 예루살렘을 국가의 수도로 둔 진정한 "팔레스타인인"은 유대인이었던 것이다.

성경에서 십일조가 최초로 언급된 것은 "살렘" 왕 멜키세덱에게 아브라함이 십일조를 드렸던 사건이었다(창 14:20). 예루살렘은 여호수아의 정복 전쟁에서 유다 지파의 유업에 속하게 되었고(수 15:8), 그때 몰아내지 못한 여부스인들을 다윗이 몰아내었다(삼하 5:6-10). 다윗은 예루살렘에서 온 이스라엘과 유다를 삼십삼 년간 치리했다(삼하 5:5). 『**다윗의 아들**』(마 1:1)께서는 그 예루살렘을 『**위대한 왕의 도성**』(마 5:35)이라 칭하심으로써 예수님 자신이 그 도성의 "다윗의 보좌"에 앉아 통치하실 것을 예고하셨다(눅 1:31-33). **재림 때에 여전히 지상에 살아 있는 모슬렘들은 그 팔레스타인의 수도에서 유대인의 보좌에 앉아 계신 한 유대인 왕을 경배하기 위해 "예루살렘"으로 가지 않으면 저주를 받게 될 것이다**. 『**예루살렘을 치러 온 모든 민족들 가운데서 남아 있는 자도 각기 그 왕, 만군의 주께 경배하러, 또 장막절을 지키려고 해마다 올라올 것이라. 땅의 모든 족속 중에서 그 왕, 만군의 주를 경배하려고 예루살렘에 올라오지 아니하는 자들에게는 비가 내리지 아니하리라**』(슥 14:16,17).

『그러자 유다와 베냐민의 모든 사람이 삼 일 안에 예루살렘에 다 모였으니 그때가 아홉째 달이었고 그 달의 이십일이더라. 모든 백성이 하나님의 전의 거리에 앉아 이 일과 큰 비 때문에 떨더라』(9절).

때는 오늘날의 12월에 해당하는 키슬루 월의 20일로서, 백성들 위에 내리는 비는 차가운 겨울비였다(9절). 백성들은 자신들의 죄로 인해 떨었고(죄를 깊이 뉘우침), 동시에 살갗을 적시는 겨울비에 떨었다(체온 저하). 이렇게 "떨었던" 백성들이 에스라의 "초청"에 반응했다. **『제사장 에스라가 일어서서 그들에게 말하기를 "너희가 범죄하여 타국의 아내들을 취하여 이스라엘의 죄를 증가시켰도다. 그러므로 이제 너희 조상의 주 하나님께 자백하고 그의 기쁘심을 행하여 그 땅의 백성과 타국 아내들로부터 너희 자신을 분리시킬지니라." 하니 온 회중이 큰 소리로 대답하여 말하기를 "당신이 말씀하신 대로 우리가 마땅히 행하리이다. 그러나 백성이 많고 많은 비가 내리는 때라 우리가 밖에 서 있을 수도 없고 이것은 하루나 이틀에 할 일이 아니니, 이는 우리가 이 일로 많이 범죄하였음이니이다. 이제 온 회중에서 우리의 관원들을 세우고 우리의 성읍들에서 타국의 아내들을 취한 모든 자들로 정한 때에 각 성읍의 장로들과 재판장과 함께 오게 하여 이 일로 인한 우리 하나님의 불 같은 진노가 우리에게서 돌이켜지게 하소서." 하더라』**(10-14절). 백성들은 에스라가 요구한 대로 마땅히 행할 것이지만 많은 백성이 겨울비를 맞으면서 하루 이틀 새에 그 "많은 죄"를 해결할 수는 없는 노릇이므로 "시간을 달라고" 요청했다. 또한 관원들과 장로들과 재판장들을 담당자들로 세워 "분리" 작업을 수행하게 해 줄 것을 요구했다. 그리하여 에스라가 지명한 몇몇 족장들이 열째 달 일일에 그 문제를 심사하여 첫째 달 일일까지(약 90일 동안) 타국 아내를 취한 모든 자들에 대한 조사를 끝마쳤다(16,17절). 특히 제사장들의 아들들 가운데 타국 아내를 취한 것으로 판명된 자들은 요사닥의 아들인 예수아의 아들들과 그의 형제 중에서 마아세야와 엘리에셀과 야립과 그달랴였으며, 그들은 자신들의 손을 내밀어 맹세하기를 자기들의 아내를 내어 보내기로 하고 죄지은 자로서 자기 죄로 인해 양떼 중에서 숫양 한 마리를 바쳤다(18,19절). 이후 20-43절은 "타국 아내를 취한 자들의 추가적인 명단"을 기록한다. 그리고 에스라서는 **『이들 모두가 타국 아내를**

취한 자들이며 그들 중 얼마는 자식을 낳은 아내들도 있었더라.』(44절)라는 말씀으로 끝맺는다.

타국 아내를 취한 자들의 "명단"이 갖는 의미

『제사장들의 아들들 가운데 타국 아내를 취한 것으로 판명된 자들은 요사닥의 아들인 예수아의 아들들과 그의 형제 중에서 마아세야와 엘리에셀과 야립과 그달랴요... 느보의 아들들 중에서는 여이엘과 맛티다와 사밧과 스비나와 야다우와 요엘과 브나야더라』(18-43절).

피터 럭크만 박사는 "**에스라 10장의 명단"에 나온 이름들을 통해 "하나님께서 이스라엘을 다시 다루기 시작하실 것"이라는 진리를 알 수 있다**고 했다. 대환란이 닥치면 믿음과 행위에 의한 구원 방법(계 12:17; 14:12)이 율법하에서처럼(마 24:20) 다시 회복되고, 이 땅에 2,600년 이상 없었던 구약의 두 인물(모세와 엘리야, 계 11:1-8)이 지상에 다시 나타난다는(말 4:4-6) 점이 이 점을 시사한다고 했다.

미래의 대환란을 다루는 요한계시록에는 구약의 인명과 지명들이 재등장하는데, 『**발라암**』(계 2:14), 『**이세벨**』(계 2:20), 『**바빌론**』(계 17장)이 그러한 예이다. 그뿐 아니라 이스라엘이 구약 시대처럼 광야에서 부양받는가 하면(계 12장), 유대인들에게 "바빌론으로부터 나오라"는 명령이 주어지고(계 18:2-5), 『**큰 강 유프라테스**』도 등장한다(계 16:12). 유프라테스강은 구약 시대에 아브라함에게 약속되었고(창 15장), 다윗이 차지했으며(삼하 8:3) 솔로몬이 통치했던(왕상 4:21) 경계선이었다.

에스라서와 느헤미야서에는 비록 동일인물은 아니지만 몇몇 주목할 만한

"구약 인물들의 이름들"이 등장한다. 에스라서에서는 『**엘리야**』(10:21), 『**스마야**』(10:21,31, cf. 왕상 12:22), 『**여히엘**』(10:21,26, cf. 대상 9:35), 『**웃시야**』(10:21, cf. 대하 15:30), 『**파술**』(10:22, cf. 대상 9:12), 『**이스마엘**』(10:22), 『**요사밧**』(10:22,23, cf. 대상 12:20), 『**시므이**』(10:23,33,38, cf. 왕상 2:36-42), 『**유다**』(10:23), 『**엘리에셀**』(10:18,23,31, cf. 창 15:2) 등이 나온다. 이외에도 이스라엘(25절), 브나야(25절), 브살르엘(30절), 베냐민(32절), 여레매(예레미야, 33절), 암람(34절), 요셉(42절), 요엘(43절)이 언급된다. 느헤미야서에도 『**예레미야**』(느 10:2), 『**오바댜**』(느 10:5), 『**다니엘**』(느 10:6), 『**호세아**』(느 10:23), 『**미가**』(느 10:11), 즉 구약의 선지자들과 동일한 이름이 다섯 명이나 등장한다. 이뿐 아니라 『**아히야**』(10:26), 『**아히둡**』(10:26), 『**사독**』(11:11), 『**요나단**』(12:14), 『**요셉**』(12:14), 『**에벨**』(12:20), 『**유다와 베냐민**』(12:34), 『**미가야**』(12:41)의 이름들도 있다. 럭크만 박사는 "이름들이 얼마나 유사한지, 거의 구약 성도들의 '재결합'처럼 보일 정도이다."라고 했다. "한 민족의 부활과 회복에 관한 한 편의 그림을 보는 것과 같다. 이들이 귀환하는 생생한 장면이 아닐 수 없다. 결국 유다도 다시 오고('멸망의 아들,' 계 17:12, 살후 2:3, 계 17:8) 모세도 다시 나타나며 엘리야도 다시 오게 된다. 예수 그리스도께서도 다시 오신다."라고 했다.

오늘날 이스라엘과 자칭 팔레스타인인들 사이에서 벌어지는 분쟁의 해결책으로 "두 개의 국가 해법"이 제시되고 있지만 그것은 결코 올바른 해법이 아니다. 이스라엘과 모슬렘들이 두 개의 독자적인 민주주의 국가 안에 평화롭게 공존함으로써 이스라엘 · 팔레스타인 문제를 해결할 수 있다는 것은 성경과 반대되는 마귀적인 발상이다. 성경은 예루살렘을 이스라엘의 수도로만 인정하고 있으며, 그곳의 보좌에 앉으실 왕으로 유다 지파에서 나오신 『**다윗의 아들**』(마 1:1)만을 인정하고 있다. **오직 이스라엘만이 팔레스타인 땅에 자신의 왕을 둔 국가를 수립할 자격이 있는 것이다.** 장차 주 예수 그리스도께서 오시면 솔로몬이 앉았던 예루살렘의 『**다윗의 보좌**』(왕상 2:12) 곧 『**주의 보좌**』(대상 29:23)에 앉아 팔레스타인 땅뿐만 아니라 온 땅을 치리하실 것이다. 『**그 때에 사람들은 예루살렘을 주의 보좌라 부를 것이며 주의 이름으로 모든 민족들이 그곳 예루살렘에 모일 것이며 사람들은 더 이상 그들의 악한 마음의 상상을 따라 행하지 아니하리라**』(렘 3:17). 『**주께서는 온 땅을 치리할 왕이 되시리니, 그 날에는 한 분 주께서 계실 것이며, 그의 이름 하나만 있으리라**』(슥 14:9). 『**그의 정부와 화평의 증가함이 다윗의 보좌와 그의 왕국 위에 바르게 세워지고, 지금부터 영원까지 공의와 정의로 그것을 굳게 세우는 데 끝이 없으리라. 만군의 주의 열성이 이것을 실행하시리라**』(사 9:7). **오늘날 발생하고 있는 중동 분쟁의 해법은 오직 "주 예수 그리스도의 재림"에 있다.** 주님의 재림은 한 조각의 거룩한 땅의 소유주에 관한 『**시온의 논쟁**』(사 34:8)을 종식시킬 위대한 사건이 될 것이다.

■ 새롭게 깨달았거나 적용할 내용이 있다면 적어 보세요. ■

제6과
복습문제

1. 참된 부흥은 이처럼 어떠한 강요나 초청도 없이 (자발 , 자동)적으로 일어나는 법이다.

2. 성도가 "( )의 뜻대로 하는 슬픔"은 후회할 것이 없다(고후 7:10).

3. 에스라가 백성들을 모이도록 한 곳은 (사마리아, 예루살렘)이었다.

4. "에스라 ( )장의 명단"에 나온 이름들을 통해 "하나님께서 이스라엘을 다시 다루기 시작하실 것"이라는 진리를 알 수 있다.

5. 오직 ( )만이 팔레스타인 땅에 자신의 왕을 둔 국가를 수립할 자격이 있다.

6. 오늘날 발생하고 있는 중동 분쟁의 해법은 오직 "주 예수 그리스도의 ( )"에 있다.

■ 복습 문제의 정답은 홈페이지(www.solomonbtc.org)에서 확인할 수 있습니다.

NOTES

복습 문제 정답

제3과

1. O
2. 하나님
3. O
4. O
5. O

제4과

1. X
2. X
3. X
4. X
5. X
6. 왕의 마음, 주의 손

제5과

1. O
2. 성전
3. 금식
4. 계획, 일
5. 통합

제6과

1. 자발
2. 하나님
3. 예루살렘
4. 10
5. 이스라엘
6. 재림

<추천도서>

에스라, 느헤미야, 에스더

피터 S. 럭크만 지음 / 492쪽

23,000원(eBook 16,100원)

"포로후기 역사서"라 불리는 이 책들은 바빌론 멸망 후 유다가 고토로 귀환하는 내용과 페르시아에 남아 있는 유대인들의 상황을 다룬다.

소선지서

피터 S. 럭크만 지음 / 512쪽

20,000원(eBook 14,000원)

초림과 재림을 넘나드는 예언 속에서 성경의 주제인 왕국, 즉 하나님께서 통치하시는 신정 통치 왕국의 교리를 알게 된다.

이스라엘의 회복

피터 S. 럭크만 지음 / 48쪽

3,000원(eBook 2,100원)

이스라엘은 영적으로뿐만 아니라, 민족적으로도 회복될 것이다. 그들은 그들의 땅인 팔레스타인으로 돌아갈 것이다.

죽음의 재 같은 땅 이스라엘

피터 S. 럭크만 지음 / 520쪽

25,000원(eBook 17,500원)

역사적으로 가장 수난을 많이 당한 민족임에도 불구하고 여전히 인류 역사의 중심인 이스라엘의 모든 것들을 제시한다.

솔로몬 성경공부 시리즈

에스라

에스라의 성전 재건과 영적 부흥

초판1쇄 2023년 10월 13일
초판2쇄 2023년 11월 15일
지 은 이 / 편 집 부
발 행 인 / 박 승 용
발 행 처 / 말씀보존학회
출판등록 / 제409-2022-000036호
주 소 / 서울 강서우체국 사서함 제90호
전 화 / (02) 2665 - 3743
팩 스 / (02) 2665 - 3302
인 터 넷 / www.biblemaster.co.kr

값 10,000 원